Aurelius Augustinus

Vom Geheimnis der Weihnacht
———
»Er sprach noch nicht
und war das Wort«

AURELIUS
AUGUSTINUS

VOM GEHEIMNIS
DER WEIHNACHT

―――

»ER SPRACH NOCH NICHT
UND WAR DAS WORT«

HG. VON STEFAN LIESENFELD

VERLAG NEUE STADT
MÜNCHEN · ZÜRICH · WIEN

»Mehr Bäume, weniger CO_2« – weil jeder Beitrag zählt.

Textauswahl und Übertragung der lateinischen Texte
ins Deutsche: Stefan Liesenfeld

2024, Neuausgabe
© Alle Rechte bei Verlag Neue Stadt GmbH, München
Coverabbildung: Fra Angelico (um 1395–1455)
Gestaltung und Satz: Neue-Stadt-Grafik
Druck: CPI books GmbH, Leck
ISBN 978-3-7346-1350-0

www.neuestadt.com

Vorwort

Wenn einer der Größten in der Geschichte christlicher Spiritualität und Theologie über Weihnachten spricht, über die Geburt Jesu, darf man Besonderes erwarten. Was Aurelius Augustinus (354–430), der römisch geprägte Nordafrikaner mit einem ebenso bewegten wie bewegenden Lebenslauf, zum Geheimnis der Weihnacht zu sagen hat, ist auch nach mehr als anderthalb Jahrtausenden ein Juwel. In immer neuen Variationen bringt er das Unsagbare ins Wort: Gott wird Mensch für uns. Für den Verstand unfasslich, ist es für das Herz Anlass zu freudigem Staunen.

Staunen, das ist einer der bedeutsamsten Zugänge zu jenem Geheimnis, das in und hinter allem liegt. So viel wir auch über die Welt und den Menschen wissen – die großen, die letzten Fragen nach dem Woher und Warum, nach dem Wozu und Wohin bleiben. Und sie können manchmal sehr existenziell werden und einen hautnah betreffen, sie können unter die Haut gehen und uns im Kern „angehen". Durch keinen noch so eindrucksvollen technisch-wissenschaftlichen Fortschritt lassen sie sich ad acta legen. Ob er Atheist oder Agnostiker sei, wurde der österreichische Quantenphysiker und Nobelpreisträger Anton Zeilinger einmal in einem Interview gefragt, und er gab die bemerkenswerte Antwort, dass er als Naturwissenschaftler Agnostiker sei, als Mensch aber weder das eine noch das andere. Eine Antwort, die es in sich hat und die Sache auf den Punkt bringt.

Auch für hellwache Zeitgenossen kann die Weihnachtsgeschichte mehr sein als „anrührende Poesie" oder gar hohle Symbolik. Auch als

Menschen unserer Zeit können wir uns auf die Botschaft der Weihnacht einlassen und in aller Symbolik eine Wirklichkeit entdecken, die uns als Menschen etwas zu sagen hat.

Dass das weihnachtliche Geschehen mit dem Verstand nicht zu fassen ist, wusste auch Augustinus. Er, dieser ruhelos Suchende, dieser große Denker, bezeugt hier eine beeindruckende Demut des Denkens. In zeitlos schönen Reflexionen und Formulierungen führt er uns das Wunder der Weihnacht vor Augen, nicht zuletzt anhand großartiger Paradoxien: „Der Sonne Schöpfer, zum Geschöpf geworden unter der Sonne"; „Er sprach noch nicht und war das Wort".

Es ist mehr als Freude am Sprachspiel, es ist nicht die Gabe dialektischen Denkens, die diese Formulierungen hervorgebracht hat. Sie sind vor allem Frucht der persönlichen Ergriffenheit eines Menschen auf der Suche, in dessen Leben der in Bethlehem Geborene eingetreten ist als *die* Antwort, die seine Sehnsucht erfüllt und doch Geheimnis bleibt.

Das Geheimnis der Liebe Gottes, der für uns Mensch wurde, der herabstieg zu uns, um uns zu befreien und zu erheben, ja zu „vergöttlichen", hat Augustinus als Bischof von Hippo seinen Mitchristen immer wieder nahezubringen versucht. Diese Liebe hochzuhalten, darum ging es ihm auch in den theologischen Auseinandersetzungen seiner Zeit, die mit anklingen. Er wollte es so sagen, dass es ankommt: „Lieber will ich von den Grammatikern kritisiert als nicht vom Volk verstanden werden." Wobei er auf die Mittel der Rhetorik keineswegs verzichtet hat, und er setzte sie offenbar durchaus erfolgreich ein. Doch wichtig war ihm, dass die Botschaft vom Mensch gewordenen Gott, der die Liebe ist, das Leben erreicht: „Gutes Verhalten will ich, nicht Applaus." Christus wurde geboren, damit wir „zu neuem Leben geboren werden": Die weihnachtliche Botschaft ist lebensrelevant und lebensverändernd.

Die hier zusammengestellten Textpassagen sind überwiegend den Weihnachtsansprachen von Augustinus entnommen. Vorangestellt ist ein Abschnitt aus seinen Psalmenkommentaren, in dem sich eine Grunderfahrung seines Lebens spiegelt: die Erfahrung, dass all unsere Unruhe, unsere Sehnsucht, unser Seufzen schon Gebet sind und bei Gott Gehör finden. Die „göttliche Antwort", die Aurelius Augustinus auf die Fragen seines Lebens fand, war nichts Abstraktes, sondern eine Person: Jesus, der Christus, Gottes Sohn, der Mensch geworden ist – für uns, um unsertwillen.

Stefan Liesenfeld

Inhalt

Vorwort 5

Erwartung

Deine Sehnsucht ist Gebet 17
Freut euch, der Herr ist nahe 21
Ein Gespräch zwischen Augustinus,
   Maria und dem Engel 24
Die Stimme und das Wort 27

Wunderbare Geburt

Gott und Mensch 33
Zu hoch für uns 35
Wunderbare Barmherzigkeit 37
Stille, Mutter! 39

Die wahre Sonne 40
Geboren am kürzesten Tag 42
Das Leben selbst ist im Fleisch erschienen . 45
Gesättigt durch die Anschauung des Wortes 49
Friede auf Erden 55

Göttliches Paradox

Der die Welt erfüllt, liegt in einer Krippe . 59
Die Größe der Demut 61
Das göttliche Wort: ein Kind 62
Damit die Schwäche stark würde 65
Göttliche Logik 67
Damit nicht verlorenginge,
    was er gemacht hat 69
Gott-mit-uns 72

Für uns

Welche Liebe! 75
Nicht Wegweiser, sondern Weg 76
Um uns zu vergöttlichen 79
Wo bist du um meinetwillen? 83
Betrachte, was Gott für dich geworden ist . 85
Gottes Lasttier 86
Neugeboren 88
Für dich 91

Quellen 93

ERWARTUNG

All mein Sehnen, Herr,
liegt offen vor dir,
mein Seufzen
ist dir nicht verborgen.
Auf dich, Herr, harre ich;
du wirst mich erhören.

Aus Psalm 38

Deine Sehnsucht ist dein Gebet

Es gibt ein geheimes Seufzen, das kein Mensch hört. Wenn aber ein sehnsüchtiger Gedanke so sehr das Herz erfüllt, dass sich die innere Wunde in lautem Seufzen äußert, dann fragt man nach der Ursache und sagt sich: Vielleicht seufzt er aus diesem Grund, oder vielleicht ist ihm jenes zugestoßen.

Wer kann es wissen außer dem, vor dessen Augen und Ohren jener Mensch seufzt? Deswegen heißt es: „Ich schreie in der Qual meines Herzens" (Psalm 38,9); wenn die Menschen jemanden seufzen hören, vernehmen sie ja meist nur das Seufzen des Leibes, doch das Seufzen, das der Herzensnot entspringt, hören sie nicht.

Wer erkennt den Grund seines Seufzens? Jener Mensch schreibt: „All mein Sehnen, Herr, liegt offen vor dir" (Psalm 38,10) – nicht vor den Menschen, sondern vor dem Herrn.

Dein Sehnen soll offen vor ihm liegen; der Vater, der ins Verborgene sieht, wird dir geben, was du brauchst (vgl. Matthäus 6,6).

Denn dein Sehnen ist dein Gebet, und wenn es ein unablässiges Sehnen ist, dann ist es unablässiges Gebet; nicht umsonst sagt der Apostel: „Betet ohne Unterlass!" (1 Thessalonicher 5,17). Doch beugen wir etwa die Knie ohne Unterlass, werfen wir uns zu Boden oder erheben wir die Hände, ohne nachzulassen? Meint der Apostel das, wenn er sagt: „Betet ohne Unterlass"? Wenn das Beten hieße, so glaube ich nicht, dass es ohne Unterlass möglich wäre.
Es gibt ein anderes „Beten ohne Unterlass", ein inneres Beten: die Sehnsucht. Was immer du tust – wenn du nach jener Sabbatruhe verlangst (vgl. Hebräer 4,1–8), dann betest du ohne Unterlass. Willst du ohne Unterlass beten, so höre nicht auf, dich zu sehnen.

Dein unablässiges Sehnen ist deine nicht verstummende Stimme. Stumm bist du, sobald du aufhörst zu lieben ... „Weil die Gottlosigkeit sich ausbreitet, wird die Liebe bei vielen erkalten" (Matthäus 24,12). Erkaltete Liebe ist Stummheit des Herzens; Glut der Liebe ist lautes Rufen des Herzens.
Wenn die Liebe lebendig bleibt, rufst du immerfort; wenn du immer rufst, sehnst du dich immerzu; wenn du Sehnsucht hast, suchst du in deinem Herzen die Ruhe.

„All mein Sehnen, Herr, liegt offen vor dir." Wenn deine Sehnsucht vor ihm liegt, dann auch dein Seufzen. Denn das Seufzen ist die Stimme der Sehnsucht.
Darum sagt der Beter: „Mein Seufzen ist dir nicht verborgen" (Psalm 38,10). Vor Gott ist es nicht verborgen, wohl aber vor der Menge der Menschen. Der demütige Knecht Gottes scheint

manchmal zu sagen: „Mein Seufzen ist dir nicht verborgen."

Zuweilen freilich scheint der Diener Gottes auch zu lachen. Ist dann etwa die Sehnsucht seines Herzens erstorben? Nein, sie kann im Herzen weiterleben, und solange sie im Herzen lebt, ist auch das Seufzen da; freilich dringt es nicht immer an das Ohr der Menschen, doch niemals entgeht es dem Ohr Gottes.

Freut euch, der Herr ist nahe

Der Herr ist nahe!
Zur Freude ruft der Apostel auf,
zur Freude an Gott, nicht an der Welt
(vgl. Philipper 4,4) …

Wie niemand
zwei Herren dienen kann,
so kann auch niemand
seine Freude
zugleich an der Welt
und an Gott suchen.
In dem Maße, wie die eine wächst,
wird die andere abnehmen.

Das soll nicht heißen,
dass wir in dieser Welt
keine Freude haben dürften.
Aber schon in dieser Welt

sollen wir unsere Freude
an Gott haben …

Überall und solange ihr
hier auf Erden seid, gilt:

DER HERR IST NAHE,
SEID OHNE SORGEN.

Verkündigung

*D*er Engel trat bei Maria ein und sagte:
„Sei gegrüßt, du Begnadete, der Herr ist mit
dir." Sie erschrak über diese Anrede und über-
legte, was dieser Gruß zu bedeuten habe.
Da sagte der Engel zu ihr: „Fürchte dich nicht,
Maria; denn du hast bei Gott Gnade gefunden.
Du wirst ein Kind empfangen, einen Sohn
wirst du gebären: Dem sollst du den Namen
Jesus geben."
Lukas 1,28–31

Ein Gespräch zwischen Augustinus, Maria und dem Engel

Ich fragte: „Wer bist du, die du Mutter sein wirst? Wie hast du das verdient? Von wem hast du das empfangen? Warum wird in dir Gestalt annehmen, der dich geschaffen hat? Warum, sage ich, wird ein so großes Gut dir zuteil? Du bist Jungfrau, bist heilig, hast ein Gelübde abgelegt; doch auch wenn du so viele Verdienste erworben hast, so ist es wahrlich weit mehr, was du empfangen hast. Wie hast du das verdient? … Warum gerade du?

Es scheint, als stellte ich der Jungfrau ungebührliche Fragen, als wäre ich zu aufdringlich für ihr zurückhaltendes Wesen. Ganz verhalten sehe ich sie, doch sie antwortet mir und lässt mich wissen:

„Du fragtest mich, weshalb das gerade mir zukommt? … Glaube an den, an den ich geglaubt habe. Du willst wissen, weshalb das gerade mir zuteil wird? Darauf möge der Engel antworten."

„Sag mir, Engel, weshalb wird dies Maria zuteil?"

„Ich habe es schon im Gruß gesagt: Ave, du bist voll der Gnade!" (Lukas 1,28).

Maria sprach:
„Ich bin die Magd des Herrn;
mir geschehe, wie du es gesagt hast."
Lukas 1,38

Johannes und Jesus

Nach einigen Tagen machte sich Maria auf den Weg und eilte in eine Stadt im Bergland von Judäa. Sie ging in das Haus des Zacharias und begrüßte Elisabeth. Als Elisabeth den Gruß Marias hörte, hüpfte das Kind in ihrem Leib. Da wurde Elisabeth vom Heiligen Geist erfüllt und rief mit lauter Stimme: „Gesegnet bist du mehr als alle anderen Frauen, und gesegnet ist die Frucht deines Leibes. Wer bin ich, dass die Mutter meines Herrn zu mir kommt? In dem Augenblick, als ich deinen Gruß hörte, hüpfte das Kind vor Freude in meinem Leib. Selig ist die, die geglaubt hat, dass sich erfüllt, was der Herr ihr sagen ließ."

Lukas 1,39–45

Die Stimme und das Wort

Johannes ist die Stimme, der Herr aber ist das Wort, von dem es heißt: „Im Anfang war das Wort" (Johannes 1,1).

Johannes war die Stimme zu einer bestimmten Zeit, Christus ist das ewige Wort von Anfang an.

Nimmst du das Wort weg, was bleibt von der Stimme? Wenn in der Stimme kein Gedanke ist, ist sie leeres Lärmen. Die Stimme ohne Wort pocht zwar ans Ohr, doch das Herz erbaut sie nicht …

Wenn ich denke, was ich sagen will, ist das Wort schon in meinem Herzen. Wenn ich aber zu dir sprechen will, suche ich nach einem Weg, wie das Wort, das bereits in meinem Herzen ist, auch in dein Herz eingehen kann … Dann nehme ich die Stimme zu Hilfe und spreche zu dir.

Der Klang der Stimme trägt den Sinn des Wortes zu dir, um sogleich zu verhallen. Das Wort hingegen, das der Laut zu dir gebracht hat, ist nunmehr in deinem Herzen, ohne mein Herz verlassen zu haben.

Die Stimme, die das Wort zu dir gebracht hat, sagt gleichsam zu dir:
„Jener muss wachsen, ich aber muss geringer werden" (vgl. Johannes 3,30).
Der Laut der Stimme hat seinen Dienst getan und verging, als wollte er sagen: Meine Freude ist damit vollendet (vgl. Johannes 3,29).

So lasst uns das Wort festhalten und nicht verlieren, was wir im Herzen empfangen haben.
Willst du die Stimme erkennen, die vergeht, und die Gottheit des Wortes, die bleibt? Wo ist jetzt die Taufe des Johannes? Sie hat ihren Dienst getan und ist vergangen. Seither wird die

Taufe Christi gefeiert. Wir alle glauben an Christus, wir alle erhoffen das Heil von Christus: Die Stimme hat es verkündet.

Da es schwierig ist, das Wort von der Stimme zu unterscheiden, wurde Johannes selbst für den Messias gehalten. Die Stimme hielt man für das Wort. Um das Wort zu ehren, gab sich die Stimme als das aus, was sie war: Stimme. So spricht sie:
„Ich bin nicht der Messias, noch Elias, noch der Prophet."
„Wer bist du also?"
Sie antwortet: „Ich bin die Stimme eines Rufers in der Wüste: Ebnet den Weg des Herrn!" (Johannes 1,23).

WUNDERBARE GEBURT

Für Gott
ist nichts unmöglich.
Lukas 1,37

Gott und Mensch

Christus ist geboren von einem Vater
und von einer Mutter,
zugleich aber ohne einen Vater
und ohne eine Mutter:

von einem Vater geboren als Gott,
von einer Mutter als Mensch;

ohne eine Mutter als Gott,
ohne einen Vater als Mensch.

*Er war Gott gleich,
hielt aber nicht daran fest,
wie Gott zu sein,
sondern er entäußerte sich
und wurde wie ein Sklave
und den Menschen gleich.
Sein Leben war das eines Menschen;
er erniedrigte sich
und war gehorsam bis zum Tod,
bis zum Tod am Kreuz."*

Philipper 2,6–8

Zu hoch für uns

Obwohl Christus göttliche Natur hatte, hielt er seine Gottgleichheit nicht als Beute fest (vgl. Philipper 2,6).
Wer wird dieses Wort je begreifen können?
Wer kann es mit seinem Denken gebührend durchdringen?
Welcher Verstand würde es wagen, es zu vertiefen?
Welche Zunge sich erkühnen, es auszusprechen?
Welcher Geist wollte es bis ins Letzte verstehen?
Im Augenblick denken wir besser nicht weiter darüber nach: Es ist zu hoch für uns.

Doch damit es nicht zu hoch für uns bliebe, „entäußerte er sich, nahm Knechtsgestalt an und wurde den Menschen gleich" (Philipper 2,7). – Wo? In der Jungfrau Maria. Lasst uns also ein wenig darüber sprechen; vielleicht können wir diese Geburt verstehen.

Der Engel bringt die Botschaft,
die Jungfrau hört, glaubt, empfängt.
Glaube in ihrem Herzen,
Christus in ihrem Schoß.

Die Jungfrau empfängt:
Staunenswert ist dies!
Die Jungfrau gebiert:
Das ist noch staunenswerter.
Sie bleibt Jungfrau
auch nach der Geburt.

Auch diese Geburt ... –
wer wird sie je erklären können?

Wunderbare Barmherzigkeit

Ohne aufzuhören,
der zu sein, der er war,
wollte er werden,
was er selbst geschaffen hatte.

Staunen wir über die Geburt
aus der Jungfrau!
Wunderbar ist solche Macht,
noch wunderbarer aber
ist die Barmherzigkeit dessen,
der so geboren werden konnte,
so geboren werden wollte.

*Maria gebar ihren Sohn, den Erstgeborenen.
Sie wickelte ihn in Windeln und legte ihn
in eine Krippe, weil in der Herberge kein Platz
für sie war.*

Lukas 2,6f

STILLE, MUTTER!

Stille, Mutter,
unsere Speise;
stille das Brot,
das vom Himmel kommt
und das nun
in einer Futterkrippe liegt,
als wäre es
der treuen Saumtiere
Nahrung ...

Stille, Mutter,
den, der dich so schuf,
dass er selbst
in dir
Mensch werden konnte.

DIE WAHRE SONNE

Heute ist uns
der Erlöser geboren.
Aufgegangen ist heute
über die ganze Welt
die wahre Sonne.

Gott
wurde Mensch,
damit der Mensch
Gott werde.

Damit der Sklave
zum Herrn werde,
nahm der Herr
Knechtsgestalt an.

Zu Recht
verlängert der Tag,
der uns Christus brachte,
der Sonne Bahn.
Denn durch Christus
wurden wir befreit
aus des Todes Finsternis.

*Das Volk, das im Dunkeln lebt,
sieht ein helles Licht;
über denen,
die im Land der Finsternis wohnen,
strahlt ein Licht auf.*
Jesaja 9,1

GEBOREN AM KÜRZESTEN TAG

An diesem Tag ist er geboren:
am kürzesten aller Tage des Jahres,
von dem aus die Tage länger werden.

Er, der sich herabbeugte zu uns
und uns aufrichtete,
hat den kürzesten Tag gewählt,
mit dem das Licht wieder zunimmt.

Sein stilles Kommen drängt uns
wie ein lautstarker Anfeuerungsruf,
auf dass wir lernen,
reich zu werden in ihm,
der sich arm gemacht hat für uns;

auf dass wir die Freiheit finden
in ihm, der für uns
Knechtsgestalt angenommen hat;

auf dass wir den Himmel besitzen
in ihm, der für uns
der Erde entspross.

Was von Anfang an war,
was wir gehört haben,
was wir mit unseren Augen gesehen,
was wir geschaut
und was unsere Hände angefasst haben,
das verkünden wir:
das Wort des Lebens.
1 Johannes 1,1

DAS LEBEN SELBST IST IM FLEISCH ERSCHIENEN

Wer könnte das Wort
mit den Händen anfassen,
wäre das Wort
nicht Fleisch geworden
und hätte es nicht
unter uns gewohnt?
(Vgl. Johannes 1,14)

Dieses Wort, das Fleisch geworden ist, um sich mit Händen berühren zu lassen, begann Fleisch zu sein in der Jungfrau Maria.
Aber das Wort selbst begann damals nicht; denn es heißt, dass es von Anfang an war: „Im Anfang war es bei Gott" (Johannes 1,1).
Vielleicht könnte jemand unter dem „Wort des Lebens" ein Wort *über* Christus verstehen und den Leib Christi, der mit Händen berührt werden kann. Aber hört, was im Text folgt: „Das

Leben selbst ist erschienen." Christus selbst ist also das Wort des Lebens.

Wieso ist es erschienen? Es war im Anfang, doch den Menschen war es nicht erschienen. Den Engeln war es erschienen; sie sahen es und aßen es gleichsam als ihr Brot. Wie heißt es doch in der Schrift? „Brot der Engel aß der Mensch" (Psalm 78,25 Vg.).
Das Leben selbst ist also im Fleisch erschienen. Nun liegt es ja in der Natur der Erscheinung, dass man etwas, was man an sich nur mit dem Herzen schauen kann, jetzt auch mit den Augen sieht. Mit den Augen sollte man es sehen, damit das Herz gesunde.
Nur mit dem Herzen sieht man das Wort, während das Fleisch mit den leiblichen Augen wahrgenommen wird. Wir konnten das Fleisch sehen, hatten aber keine Möglichkeit, das Wort zu schauen.

Da ist das Wort Fleisch geworden, damit wir es sehen könnten. So sollte heil werden unser Herz, mit dem wir das Wort zu sehen vermögen.

Es heißt: „Wir bezeugen und verkünden euch das ewige Leben, das beim Vater war und bei uns erschienen ist" (1 Johannes 1,2) ... Das Leben selbst ist uns erschienen.

Beachtet, meine Lieben, dass es heißt: „Was wir gesehen und gehört haben, das verkünden wir euch." Jene Jünger sahen den Herrn vor sich im Fleisch, sie hörten die Worte aus seinem Mund und verkündeten sie uns. So hörten auch wir, doch gesehen haben wir nicht.

Sind wir also weniger glücklich als jene, die sahen und hörten? Wieso fügt Johannes dann hinzu: „Damit auch ihr Gemeinschaft mit uns habt"? Jene sahen, wir nicht, und dennoch haben wir Gemeinschaft mit ihnen, weil wir den

gleichen Glauben haben ... Schätzt das nicht gering! Denn hört, wie Johannes fortfährt:
„Wir haben Gemeinschaft mit dem Vater und seinem Sohn Jesus Christus. Wir schreiben dies, damit eure Freude vollkommen ist" (1 Johannes 1,3f).

> Das will sagen:
> Die volle Freude sollen wir haben
> in dieser Gemeinschaft,
> in dieser Liebe,
> in dieser Einheit.

Gesättigt durch die Anschauung des Wortes

Wer von den Menschen kennt die Schätze der Weisheit und Erkenntnis, die in Christus verborgen sind, in der Armut seines Fleisches, wie der Apostel sagt: „Er, der reich war, wurde euretwegen arm, um euch durch seine Armut reich zu machen" (2 Korinther 8,9)?

Als er die sterbliche Menschennatur annahm und den Tod kostete, zeigte er sich in Armut. Zugleich aber hat er uns die Reichtümer verheißen, auf die er zeitweilig verzichtete, die er aber nicht als endgültig verloren aufgegeben hatte.
Überreich ist seine Güte, die er denen bereithält, die ihn fürchten, und denen gewährt, die auf ihn hoffen!

Stückwerk ist unser Erkennen, bis kommt, was vollkommen ist. Um uns fähig zu machen, das Vollkommene zu ergreifen, bildet er uns neu nach Gottes Gleichnis, er, Christus, der dem Vater gleich ist in der Gottesgestalt und uns ähnlich ward in der Knechtsgestalt.
Gottes einziger Sohn wurde ein Menschenkind und machte die vielen Menschenkinder zu Gotteskindern. Durch seine sichtbare Knechtsgestalt stärkt er die Knechte und macht sie frei, sodass sie die Gottesgestalt schauen können: „Jetzt sind wir Kinder Gottes. Aber was wir sein werden, ist noch nicht offenbar geworden. Wir wissen, dass wir ihm ähnlich sein werden, wenn er offenbar wird; denn wir werden ihn sehen, wie er ist" (1 Johannes 3,2).

Genügen uns die göttlichen Reichtümer der Weisheit und der Erkenntnis etwa nicht? Ist seine Güte etwa nicht groß genug, um uns zu sättigen? „Zeig uns den Vater; das genügt uns" (Johannes 14,8).

In einem Psalm sagt jemand zu Gott – und er spricht aus uns, in uns oder für uns: „Ich werde gesättigt, wenn deine Herrlichkeit offenbar wird" (Psalm 17,15). Christus aber und der Vater sind eins (vgl. Johannes 10,30): „Wer mich sieht, sieht auch den Vater" (Johannes 14,9). „Der Herr der Heerscharen, er ist der König der Herrlichkeit" (Psalm 24,10). Er wird uns zur Umkehr führen und uns sein Angesicht schauen lassen; dann werden wir heil sein und gesättigt, und das genügt uns ...

Bis das geschieht, bis er uns zeigt, was uns genügt, bist wir uns satt trinken an ihm, dem Quell des Lebens, solange wir als Glaubende fern vom Herrn in der Fremde unterwegs sind, solange wir hungern und dürsten nach der Gerechtigkeit und uns in unsagbarem Verlangen nach der Schönheit der Gottesgestalt sehnen, so lange wollen wir den Geburtstag der Knechtsgestalt in frommer Hingabe feiern.

Noch können wir ihn nicht schauen, der vor dem Morgenstern vom Vater gezeugt ist. So lasst uns jetzt den feiern, der zu nächtlicher Stunde von der Jungfrau geboren wurde.

Noch können wir nicht begreifen, dass sein Name länger währt als die Sonne (vgl. Psalm 72,17 [Vg.]). So lasst uns erkennen, dass er in der Sonne sein Zelt aufgeschlagen hat (vgl. Psalm 19,5 [Vg.]).

Noch schauen wir ihn nicht, den Einzigen, der allzeit in seinem Vater bleibt. Darum wollen wir an den Bräutigam denken, der aus seinem Gemach hervortritt (vgl. Psalm 19,6).

Noch sind wir nicht bereit für das Gastmahl bei unserem Vater. Bis dahin lasst uns die Krippe unseres Herrn Jesus Christus erkennen.

Vor der Krippe

Als die Sterndeuter den Stern sahen, wurden sie von sehr großer Freude erfüllt. Sie gingen in das Haus und sahen das Kind und Maria, seine Mutter; da fielen sie nieder und huldigten ihm. Dann holten sie ihre Schätze hervor und brachten ihm Gold, Weihrauch und Myrrhe als Gaben dar.

Matthäus 2,10f

*E*hre sei Gott in der Höhe
    und Friede auf Erden
    den Menschen seiner Gnade.
                Lukas 2,14

Friede auf Erden

Friede auf Erden – warum, wenn nicht deshalb, weil die Wahrheit aus der Erde aufgesprossen ist, das heißt: weil Christus aus einem Menschen geboren wurde? „Er ist unser Friede, er hat Juden und Heiden zu einem einzigen Volk vereint" (Epheser 2,14), damit wir Menschen würden, die voll guten Willens sind, herzlich verbunden durch das Band der Einheit.

Freuen wir uns über diese Gnade, damit das Zeugnis unseres guten Gewissens unser Ruhm sei (vgl. 2 Korinther 1,12): Rühmen wir uns nicht unserer selbst, sondern des Herrn. Denn es heißt: „Du bist mein Ruhm, der du mein Haupt aufrichtest" (Psalm 3,4).
Welch größeres Geschenk als dieses hätte Gott vor unseren Augen aufleuchten lassen können:

dass er seinen eingeborenen Sohn zum Menschensohn hat werden lassen, damit jedes Menschen Kind ein Kind Gottes werden kann?

Wessen Verdienst ist das?
Welchen Grund gibt es dafür ...?
Denke darüber nach,
und du wirst nur eine Antwort finden:

ALLES IST GESCHENK.

GÖTTLICHES PARADOX

Im Anfang war das Wort,
und das Wort war bei Gott,
und Gott war das Wort.
Im Anfang war es bei Gott.
Alles ist durch das Wort geworden …
Und das Wort ist Fleisch geworden
und hat unter uns gewohnt.

Johannes 1,1–3.14

Der die Welt erfüllt, liegt in einer Krippe

Mein Mund verkünde
das Lob des Herrn.
Durch ihn ist alles geworden,
und er selbst wurde einer
inmitten von allen.

Er ist die Offenbarung des Vaters
und der Schöpfer der Mutter;

Sohn Gottes,
der aus dem Vater hervorgeht
ohne Mutter,
und Menschensohn,
der aus der Mutter hervorgeht
ohne einen Vater …;

der Schöpfer der Sonne,
geschaffen unter der Sonne …;

der Urheber des Himmels
und der Erde:
auf der Erde erschienen
unter dem Himmel;

der unsagbar Weise,
in aller Weisheit
ein lallendes Kind;

der die Welt erfüllt:
in einer Krippe liegend;

der die Sterne lenkt:
saugend an der Mutterbrust;

so groß
in seiner göttlichen Gestalt:
ganz klein
in der Knechtsgestalt.

Die Grösse der Demut

Welche Wohltat brachte uns die Demut unseres erhabenen Gottes! Die Demütigen dürfen sich klammern an die Niedrigkeit Gottes, um die Höhen Gottes zu erreichen, so wie man sich in seiner Schwäche von Lasttieren helfen lässt.

Die Weisen und Klugen hingegen, die Gottes Größe ergründen wollen, glauben nicht an das Unscheinbare. Doch da sie dieses übersehen, finden sie auch nicht zur Größe Gottes.

Das göttliche Wort: ein Kind

In einer Krippe lag,
der die ganze Welt erhält.
Er sprach noch nicht und war das Wort.

Den die Himmel nicht fassen können,
trug der Schoß einer Frau.
Maria hielt unseren König;
sie trug den, in dem wir sind,
und stillte den, der unser Brot ist.

Welch große Schwäche,
welch wunderbare Niedrigkeit,
in der sich die Gottheit ganz und gar verbarg!

Er stützte mit seiner Macht die Mutter,
auf die er als Kind angewiesen war,
er nährte mit Wahrheit die,
an deren Brust er trank.

Es erfülle uns mit seinen Gaben,
der sich nicht scheute,
ein menschliches Leben wie das unsere
zu beginnen.

Es mache uns zu Gotteskindern,
der für uns ein Menschenkind werden wollte.

Gott hat gesprochen: Ich will unter ihnen wohnen und mit ihnen gehen ... Ich will euer Vater sein, und ihr sollt meine Söhne und Töchter sein.
2 Korinther 6,16–18

*Das Törichte an Gott
ist weiser als die Menschen,
und das Starke an Gott
ist stärker als die Menschen.*
1 Korinther 1,25

Damit die Schwäche stark würde

Damit die Schwäche stark würde, hat sich die Stärke schwach gemacht.
Achten wir seine Geburt in einem Leib nicht gering, sondern lasst uns umso mehr staunen: In diesem Geschehen zeigt sich, wie sehr er sich in seiner Erhabenheit erniedrigt hat um unsertwillen.

Wenn wir dies bedenken, entbrennen unsere Herzen in Liebe.

*Was kann uns scheiden
von der Liebe Christi?
Bedrängnis oder Not oder Verfolgung,
Hunger oder Kälte, Gefahr oder Schwert?*
Römer 8,35

Göttliche Logik

Der Schöpfer des Menschen
wurde Mensch,

damit er, der Lenker der Gestirne,
an einer Frau Brust trinken konnte,

damit er, das Brot,
Hunger haben konnte,

damit er, die Quelle,
Durst haben konnte,

damit er, das Licht,
schlafen konnte,

damit er, der Weg,
unterwegs müde werden konnte,

damit er, die Wahrheit,
von falschen Zeugen angeklagt
werden konnte,

damit er, der Richter der Lebenden,
von einem sterblichen Richter
gerichtet werden konnte,

damit er, die Gerechtigkeit,
von ungerechten Menschen
verurteilt werden konnte ...,

damit er, der feste Grund,
an einem Kreuz aufgehängt
werden konnte,

damit er, die Stärke,
schwach werden konnte,

damit er, das Heil,
verwundet werden konnte,

damit er, das Leben,
sterben konnte.

Damit nicht verlorenginge, was er gemacht hat

Als die Fülle der Zeit anbrach,
kam er, der uns von der Zeit
befreien sollte.

Denn befreit von der Zeit,
sollen wir zu jener Ewigkeit gelangen,
in der keine Zeit ist.
Dort fragt man nicht:
Wann wird die Stunde kommen?
Denn es ist ein ewiger Tag,
kein Gestern geht ihm voran
und kein Morgen beendet ihn.

In dieser Welt aber rollen die Tage dahin,
die einen gehen, die anderen kommen,
keiner bleibt.
Auch die Augenblicke, da wir nun reden,
verdrängen einander,

es bleibt die erste Silbe nicht stehen,
damit die zweite erklingen kann.
Seit wir reden,
sind wir ein wenig älter geworden,
und ohne Zweifel bin ich jetzt
älter als heute Morgen.
So steht nichts still,
nichts bleibt fest in der Zeit.

Darum müssen wir den lieben,
durch den die Zeiten geworden sind,
um von der Zeit befreit
und in der Ewigkeit verankert zu werden.
Dort gibt es keine Veränderlichkeit
der Zeit mehr.

So groß ist die Barmherzigkeit
unseres Herrn Jesus Christus,
dass er, durch den die Zeiten geworden sind,
unsertwegen in der Zeit geworden ist,

dass er, durch den alles geworden ist,
einer unter allen geworden ist,
dass er zu dem wurde,
was er gemacht hat.

Er, der den Menschen gemacht hatte,
wurde Mensch,
damit nicht verlorenginge,
was er gemacht hatte.

GOTT-MIT-UNS

Aufgrund seiner Sklavennatur (vgl. Philipper 2,7), die er angenommen hatte, konnte er in Wahrheit sagen: „Der Vater ist größer als ich" (Johannes 14,28). Und aufgrund seiner bleibenden wahren göttlichen Natur konnte er in Wahrheit sagen: „Ich und der Vater sind eins" (Johannes 10,30) …

„Ein Kind ist uns geboren" (vgl. Jesaja 9,6); doch weil das Wort Gottes, das er in Ewigkeit bleibt, Fleisch angenommen hat, um mitten unter uns zu wohnen (vgl. Johannes 1,14), aufgrund der göttlichen Natur, die er verbirgt und die doch in ihm bleibt, nennen wir ihn *Immanuel*, wie Gabriel ihn verkündet hat (vgl. Matthäus 1,23).

Mensch wurde er und blieb doch Gott, damit er auch als Menschenkind zu Recht *Gott-mit-uns* genannt werden könnte.

FÜR UNS

Gott hat die Welt so sehr geliebt,
dass er seinen einzigen Sohn hingab,
damit jeder, der an ihn glaubt,
nicht zugrunde geht,
sondern in ihm das ewige Leben hat.
Denn Gott hat seinen Sohn
nicht in die Welt gesandt,
damit er die Welt richtet,
sondern damit die Welt
durch ihn gerettet wird.

1 Johannes 3,16f

WELCHE LIEBE!

Wie sehr hast du uns geliebt,
gütiger Vater!
Wäre dein Wort
nicht Fleisch geworden
und hätte es nicht
unter uns gewohnt,
so hätten wir glauben müssen,
dass keine Verbindung ist
zwischen Gott
und der Menschheit.

Nicht Wegweiser, sondern Weg

Es genügte Gott nicht,
seinen Sohn
zum Wegweiser zu machen.

Er machte ihn zum Weg,
damit er dich
beim Gehen leite,
während er selbst
einherschreitet
aus eigener Kraft.

Der einzige Sohn Gottes
sollte also zu den Menschen kommen
und Menschennatur annehmen.
Mensch sollte er werden,
sterben,
auferstehen,
in den Himmel aufsteigen,
zur Rechten des Vaters sitzen
und an den Völkern
seine Verheißungen erfüllen.

*Ich bin das lebendige Brot,
das vom Himmel herabgekommen ist.
Wer von diesem Brot isst,
wird in Ewigkeit leben.*
> *Johannes 6,51*

UM UNS ZU VERGÖTTLICHEN

Unser Herr Jesus Christus,
der auf ewig Schöpfer von allem ist,
wurde heute
in der Geburt aus seiner Mutter
unser Retter.

Aus freiem Willen wurde er heute
für uns in der Zeit geboren,
um uns in die Ewigkeit des Vaters
zu führen.

Gott ist Mensch geworden,
damit der Mensch Gott werde.

Damit der Mensch
das Brot der Engel essen kann,
ist der Herr der Engel
heute ein Mensch geworden …

Heute ist die Bitte des Propheten
in Erfüllung gegangen:

„Tauet, ihr Himmel, von oben;
ihr Wolken, regnet Gerechtigkeit!
Die Erde tue sich auf
und bringe den Retter hervor!"
      (Jesaja 45,8 [Vg.])

Zum Geschöpf ist der Schöpfer geworden,
damit wiedergefunden würde,
was verloren war.
So bekennt ja der Psalmist:
„Ich verirrte mich wie ein verlorenes Schaf."
      (Psalm 119,176)

Der Mensch sündigte und wurde schuldig.
Gott wurde als Mensch geboren,
damit der Schuldige freikäme.

Der Mensch fiel,
aber Gott stieg herab.
Erbärmlich fiel der Mensch,
aber voll Erbarmen kam Gott hernieder.
Der Mensch fiel durch Stolz,
Gott kam herab in Gnaden.

Welche Wunder, welche Zeichen ...
Gott wird geboren,
die Jungfrau empfängt
ohne Zutun eines Mannes;
das Wort Gottes befruchtet die Frau,
die keinen Mann kennt.

Mutter ist sie und Jungfrau zugleich;
Mutter ist sie und dabei unversehrt,
Jungfrau ist sie und hat einen Sohn,
sie kennt keinen Mann, ist
immer verschlossen, aber nicht unfruchtbar.

Ich lebe im Glauben an den Sohn Gottes, der mich geliebt und sich für mich hingegeben hat.

Galater 2,20

Wo bist du um meinetwillen?

Wo bist du, Herr Jesus,
um meinetwillen?
In einer engen Behausung,
in Windeln gewickelt,
in eine Krippe gelegt.
Und für wen all dies?

Der den Lauf der Sterne lenkt,
saugt an der Brust einer Frau.
Der die Engel nährt
und im Schoß des Vaters spricht,
schweigt im Mutterleib.
Doch sprechen wird er,
wenn er das rechte Alter erreicht hat:
Künden wird er uns
die Fülle der Frohbotschaft.
Für uns wird er leiden,
für uns wird er sterben.

Um uns einen Vorgeschmack zu geben
auf den Lohn, der uns erwartet,
wird er auferstehen.
In den Himmel wird er aufsteigen
vor den Augen der Jünger,
und vom Himmel wird er wiederkommen
zum Gericht.

Seht, der in der Krippe lag,
ist schwach geworden,
ohne seine Macht zu verlieren;
er hat angenommen, was er nicht war,
und blieb doch, was er war.

Seht, vor uns liegt das Christuskind.
LASST UNS WACHSEN
ZUSAMMEN MIT IHM!

BETRACHTE, WAS GOTT FÜR DICH GEWORDEN IST

Betrachte, Mensch,
was Gott für dich geworden ist;
lerne vom Beispiel solcher Demut,
auch wenn der Lehrer
noch nicht spricht ...

Du wolltest Gott sein,
obwohl du Mensch warst,
und gingst so verloren.

Er wollte Mensch werden,
obwohl er Gott war,
um wiederzufinden,
was verloren war.

GOTTES LASTTIER

Betrachte die Futterkrippe:
Schäme dich nicht,
Gottes Lasttier zu sein.
Du wirst Christus tragen
und unterwegs nicht irregehen;
er selbst wird auf dir reiten,
er, dein Weg.

So soll der Herr auf uns reiten
und uns führen,
wohin er will.
Sein Lasttier wollen wir sein,
nach Jerusalem
lasst uns gehen.

Er bedrückt uns nicht,
sondern erhebt uns;

wenn er uns führt,
werden wir nicht irregehen.

Von ihm geleitet,
wollen wir gehen zu ihm,
damit wir uns mit ihm,
der heute als Kind geboren wurde,
in Ewigkeit freuen.

*Sie brachten einen jungen Esel zu Jesus,
legten ihre Kleider auf das Tier,
und er setzte sich darauf ...
Und er zog nach Jerusalem hinein.*
Markus 11,7.11

Neu geboren

Christus, der Herr,
in Ewigkeit
ohne Anfang beim Vater,
auch er hat einen Geburtstag,
er, das Wort, das am Anfang war.

Ohne seine menschliche Geburt
gäbe es für uns
keine göttliche Neugeburt;
er wurde geboren,
damit wir neu geboren würden.
Christus ist geboren:
Keiner soll daran zweifeln,
dass er selbst
neu geboren werden kann!

Seine Barmherzigkeit sei in unserem Herzen.

Seine Mutter trug ihn in ihrem Schoß;
wir wollen ihn im Herzen tragen.

Die Jungfrau wurde schwanger,
als sie Christus empfing;
wir wollen erfüllt sein vom Glauben an ihn.

Die Jungfrau brachte den Erlöser zu Welt …:
Bringen wir ihm Lob!
Seien wir nicht unfruchtbar,
sondern lasst uns Frucht bringen in Gott!

*Wach auf, du Schlafender,
und steh auf von den Toten,
und Christus wird dein Licht sein.*
Epheser 5,14

FÜR DICH

Wach auf,
du Mensch!
Für dich
ist Gott
Mensch geworden!

Ja, nochmals möchte ich es sagen:

GOTT
IST MENSCH GEWORDEN
FÜR DICH.

Quellen

S. 17　　　Enarr. in Ps 38 (37), 13f (PL 36,403f)
S. 21　　　Sermo 171, I.V (PL 38,933.935)
S. 24　　　Sermo 291,6 (PL 38,1319)
S. 27　　　Sermo 293,3 (PL 38,1328f)
S. 33　　　Sermo 184, II,3 (PL 38,997)
S. 35　　　Sermo 196,1 (PL 38,1019)
S. 37　　　Sermo 192,1 (PL 38,1012)
S. 39　　　Sermo 369,1 (PL 39,1655)
S. 40　　　Sermo 371,1 (PL 39,1659f)
S. 42　　　Sermo 192,3 (PL 38,1013)
S. 45　　　Tract. in epist. Ioannis ad Parthos 1,1.3 (PL 35,1978ff)
S. 49　　　Sermo 194,3 (PL 38,1016f)
S. 55　　　Sermo 185, III (PL 38,998f)
S. 59　　　Sermo 187,1 (PL 38,1001)
S. 61　　　Sermo 184, I.1 (PL 38,995)
S. 62　　　Sermo 184, III (PL 38,997)
S. 65　　　Sermo 190, III (PL 38,1009)
S. 67　　　Sermo 191,1 (PL 38,1010)
S. 69　　　Tract. in Ioannis Ev. 31,5 (PL 35,1638f)
S. 72　　　Sermo 187,4 (PL 38,1002)
S. 76　　　Enarr. in Ps 38 (37), 13f (PL 36,403f)
S. 79　　　Sermo 128,1 (PL 39,1997f)
S. 83　　　Sermo 196,3 (PL 38,1020)
S. 85　　　Sermo 188,3 (PL 38,1004)
S. 86　　　Sermo 189,4 (PL 38,1007)
S. 88　　　Sermo 189,3 (PL 38,1006)
S. 91　　　Sermo 185,1 (PL 38,997)

Aus unserem Verlagsprogramm

Der hinduistische Literaturnobelpreisträger über »Jesus, die große Seele«

80 Seiten, gebunden
ISBN 978-3-87996-998-2

Weihnachtliches in winterlicher Zeit. Gedanken und Kurztexte von Papst Franziskus

120 Seiten, gebunden
ISBN 978-3-7346-1206-0

www.neuestadt.com

AUS UNSEREM VERLAGSPROGRAMM

»Ein Weihnachtsbuch für alle, die mehr als Traditionen suchen!«
(Mariannhill, Zeitschrift für die Eine Welt)
132 Seiten, gebunden
ISBN 978-3-7346-1166-7

Weihnachtliche Reflexionen, die neue Zugänge eröffnen.
Mit farbigen Abbildungen weihnachtlicher Skulpturen von CIRO
96 Seiten, gebunden
ISBN 978-3-7346-1135-3

www.neuestadt.com

Mehr unter
www.neuestadt.com